Les Paroles ſont de M. ANSEAUME.

La Muſique eſt de M. GRÊTRY.

LE TABLEAU PARLANT, COMÉDIE-PARADE.

ACTEURS.

CASSANDRE, *Tuteur d'*ISABELLE,	le Sr. la Ruette.
ISABELLE,	la Dlle. Trial,
COLOMBINE, *Suivante d'*ISABELLE,	la Dlle. la Ruette.
LÉANDRE, *Neveu de* CASSANDRE, *Amoureux d'*ISABELLE,	le Sr. Trial.
PIERROT, *Valet de* LÉANDRE,	le Sr. Clairval.

La Scène est chez M. CASSANDRE.

Le Tableau qui représente le Portrait de Monsieur CASSANDRE, *est posé sur un chevalet dans le fond du Théâtre.*

LE TABLEAU PARLANT,

COMÉDIE-PARADE.

SCENE PREMIERE.

ISABELLE, *seule*.

ARIETTE.

JE suis jeune, je suis fille;
On me trouve assez gentille;
Je possede quelque bien.
On me courtise, on me vante,
Je devrois être contente;
Mais, hélas! il n'en est rien.

En ſecret mon cœur ſoupire :
J'entends bien ce qu'il veut dire ;
Mais je n'en fais pas ſemblant.
La maudite bienſéance
M'impoſe un cruel ſilence.
Quelle gêne, quel tourment !

Je ſuis jeune, &c.

Il faut pourtant prendre un parti.
Mais Colombine, ma Suivante,
Eſt une fille intelligente.
Il faut la conſulter.... Juſtement, la voici.

SCENE II.

ISABELLE, COLOMBINE.

COLOMBINE, *entre en chantant.*

Fragment d'une ARIETTE de *la Veuve indéciſe.*

Il nous faut au Village
Un mari jeune & dodu ;
A cela près, femme ſage
Prend le premier venu.

ISABELLE.

De grace, modérez ces transports d'allégresse,
Vous voyez que votre Maitresse
A la tristesse dans le cœur;
Respectez du moins sa douleur.

COLOMBINE

Est-ce ma faute si vous soupirez sans cesse?
Que ne faites-vous comme moi?
(Elle chante.)
Je ris toujours, je chante, je badine...

ISABELLE.

Encore! en vérité, ma chere Colombine,
Dans l'état où je suis, j'attendois mieux de toi.

COLOMBINE.

Et bien! qu'est-ce qui vous chagrine?

ISABELLE.

Je t'ai confié mes secrets.
Dans mon cœur, comme moi, tu sçais ce qui se passe.
Tu sçais pour qui l'Amour me fait sentir ses traits:
Conseille-moi, voyons. Que faut-il que je fasse?

COLOMBINE.

Restez. Courez. Prenez. C'est tout ce que je voi.

ISABELLE.

Explique-toi. Restez....

COLOMBINE.

Restez fille.

ISABELLE.

Qui, moi ?
Je te le dis en confidence;
Mais, mon enfant, cela n'est pas en ma puissance.

COLOMBINE.

Courez les champs. Allez par voie & par chemin.
Chercher votre Amoureux. Peut-être qu'à la fin...

ISABELLE.

Colombine, je suis une fille bien née :
Malgré mon inclination,
Je me souviens toujours de l'éducation
Que mes chers parens m'ont donnée.

COLOMBINE.

Prenez Cassandre pour époux.

ISABELLE.

Il est bien vieux.

COLOMBINE.

Mais entre nous,
Vous n'avez rien de mieux à faire;
Il est riche, il pourroit...

ISABELLE.

Ma chere,
Il est bien vieux.

COLOMBINE.

Nous y voilà.
On a tout dit, quand on a dit cela.
Faut-il donc pour si peu lui faire une querelle ?
Allez, allez, Mademoiselle;

ARIETTE.

Il eſt certains Barbons
Qui ſont encore très-bons.

Ils n'ont pas le caquet
D'un jeune freluquet ;
Ils n'en ont pas les mines ;
Les graces enfantines ;
Ils ont je ne ſçais quoi,
Qui vaut mieux, ſelon moi.
Et, ne vaut-il pas mieux
Etre Dame & Maitreſſe,
Et commander ſans ceſſe,
Avec un mari vieux,
Que de ſe voir l'eſclave
D'un pimpant qui vous brave ;
Qui promene en tous lieux
Sa tendreſſe & ſes vœux,
Tandis que ſa moitié
Pleure & ſeche ſur pied.

Il eſt certains Barbons
Qui ſont encor très bons.

ISABELLE.

Mais... regarde Monſieur Caſſandre,
Et dis moi ſi l'on peut s'attendre...

COLOMBINE.

Patience donc, il faut voir.
Sur ſes empreſſemens je conçois quelqu'eſpoir.

ISABELLE.

Tiens, voilà ſon portrait; conſidere, examine,
Peux-tu penſer que cette mine...

COLOMBINE.

Oui, le voilà...

ISABELLE.

Prends garde, il eſt encor tout frais.
Demain, pour le finir, le Peintre vient exprès.
Juſques-là le bon-homme a demandé par grace,
Que l'on n'y touche point, & qu'on le laiſſe en place.

COLOMBINE.

Il a raiſon; c'eſt un chef-d'œuvre, ſur ma foi.

ISABELLE.

Tu badines toujours. Mais parlons vrai, dis-moi;
Crois-tu mon ſort fort agréable,
S'il faut toute ma vie affecter de l'amour
Pour un vieillard inſupportable,
Qui me deſole en me faiſant ſa cour.
Il faut l'entendre, à chaque inſtant du jour,
Me dire avec un ton tendrement lamentable...

ARIETTE.

Tiens, ma Reine, je ſoupire :
Vois l'excès de mon amour.
Si tu ne veux que j'expire,
Sois donc ſenſible à ton tour.

Quelquefois d'un pas incertain,
Et d'une allure chancelante,
Il m'aborde, il me prend la main,
Que par pitié je lui préſente.
Alors ce ſont des tranſports,
Des tranſports à faire rire :
Il fait les plus grands efforts,
Pour me prouver ſon martyre.

Tiens, ma Reine, je ſoupire :
Vois l'excès de mon amour.
Si tu ne veux que j'expire,
Sois donc ſenſible à ton tour.

COLOMBINE.

Eh !... Que lui dites-vous ?

ISABELLE.

Je demeure interdite ;

Je veux répondre & je ne puis.
Il croit qu'Amour pour lui m'agite,
Quand je ſuccombe à mes ennuis.

COLOMBINE.

A tout cela, je n'ai qu'un mot à dire.
C'eſt l'arrêt du Deſtin, c'eſt à vous d'y ſouſcrire.
Quand on a pas le choix... Le voici... Taiſons-nous.

ISABELLE.

Qui donc ?...

COLOMBINE.

Votre futur Epoux,
Qui vient vous rendre ſon hommage.

ISABELLE.

Monſieur Caſſandre ! ô ciel ! L'ennuyeux perſonnage !

COLOMBINE.

Songez à ſuivre ma leçon.

SCENE III.

ISABELLE, COLOMBINE, CASSANDRE.

CASSANDRE.

BON JOUR, ma charmante Isabelle ;
Comment vous portez-vous ?

COLOMBINE.

[*A Isabelle.*]

Fort bien. Répondez donc.

CASSANDRE.

Colombine... Vois qu'elle est belle !
Ses beaux yeux, dans mon cœur, font naître le plaisir,
Et rien qu'en la voyant, je me sens rajeunir...

[*A Isabelle.*]

Mais elle ne dit rien ! Qu'avez-vous donc ?

[*A Colombine.*]

Qu'a t-elle ?

COLOMBINE.

Beaucoup d'amour pour vous, Monsieur, certainement.

CASSANDRE.

Quoi ! tout de bon ?

ISABELLE, *à part.*

Comme elle ment

CASSANDRE.

Mais certainement tu me charmes.

[*A Isabelle.*]

Et toi, confirme moi ce gracieux aveu;
Si tu veux sans retour dissiper mes allarmes.

ISABELLE.

Colombine exagere un peu.

COLOMBINE, *à Cassandre.*

Pures façons .... la modestie....
Vous sçavez ce que c'est, Monsieur, & quels combats
Éprouve, dans son cœur, une fille attendrie,
Qui voudroit s'exprimer & qui ne l'ose pas.

CASSANDRE, *riant.*

Mais à la fin il vient un tems où l'honneur même
L'oblige à confesser qu'elle aime,
Et ce tems va bientôt venir.
Tel que le loup pressé d'une faim dévorante,
L'hymen guette déja la brebis innocente,
Et sous sa dent cruelle est prêt à la saisir....
Tu ris .. tu consens donc à notre mariage?
Sur ce point nous sommes d'accord?

ISABELLE.

Tout comme vous voudrez.

COLOMBINE, *à Cassandre.*

Eh bien ! avois-je tort ?

(*A Isabelle.*)

Appuyez encor davantage.

CASSANDRE.

ARIETTE.

Cet aveu charmant
Répand dans mon ame
Une vive flamme,
Un feu ravissant.
L'Enfant de Cythere,
Vois-tu bien, ma chere,
L'Enfant de Cythere
Veut être caressé;
La moindre contrainte
Lui porte une atteinte,
Dont il est offensé;
Mais il prend l'essor,
Dès qu'il se voit maître.
Je le sens au transport
Qu'en moi tu fais naître.

Cet aveu charmant, &c,

COLOMBINE, *ironiquement.*

Faites-lui donc quelque caresse,
A ce petit enfant.

CASSANDRE, *ricanant.*

Hom! hom! la bonne piece!
Ah! ça, tout est dit là dessus.

COLOMBINE.

C'est de bon cœur, je vous assure.

CASSANDRE, *à part.*

Plus j'en vois, plus je veux poursuivre l'aventure.
Et les projets que j'ai conçus.
(Haut)
Je vais vous causer de la peine,
Et j'en suis affligé tout le premier.

COLOMBINE.

Comment?

CASSANDRE.

Il faut, pour la Ville prochaine,
Que je parte dans le moment.

ISABELLE.

A l'heure même?

CASSANDRE.

Dans l'instant.
C'est pour une pressante affaire.
Tous les Notables du pays
Y sont mandés pour donner leur avis.
Vous voyez bien....

COLOMBINE.

COLOMBINE.

Oui, oui.

CASSANDRE

Que j'y ſuis néceſſaire.

J'ai toujours différé : mais enfin l'on m'attend ;
Et je ne puis faire autrement.

COLOMBINE.

A la veille d'un mariage
Vous allez vous mettre en voyage.

CASSANDRE.

Dans trois jours au plus tard je ſerai de retour,
Pour ne plus m'occuper que de mon ſeul amour.
Dans nos adieux du moins une choſe me flatte,
C'eſt que votre tendreſſe éclate.

COLOMBINE.

Vous nous jouez un vilain tour.
(*A Iſabelle.*)
Allons donc, vous. Quelque douce parole.
Vous êtes là comme une idole.

ISABELLE.

(*A Colombine.*) (*A Caſſandre.*)
Laiſſe-moi faire. Aſſurément
La circonſtance.... Le tourment...
Qui me ſuffoque.... Et puis les craintes....

COLOMBINE, *bas à Iſabelle.*

Bien, bien.

CASSANDRE.

Elle pleure, je croi.
Chere petite calme-toi.
Tu m'attendris trop par tes plaintes.

TRIO.

CASSANDRE.

Il faut partir, ô peine extrême!

COLOMBINE.

S'éloigne-t-on de ce qu'on aime?

ISABELLE.

Hélas! que faire ſeule ici?

CASSANDRE.

Conſole-toi, ma toute belle.

COLOMBINE.

Que je la plains, pauvre Iſabelle!

ISABELLE.

Pouvez-vous me quitter ainſi?

CASSANDRE.

Ma toute belle!

COLOMBINE.

Pauvre Iſabelle!
Pouvez-vous l'affliger ainſi?

ISABELLE.

Pouvez-vous me quitter ainſi?

CASSANDRE.

Quel bonheur de te plaire ainsi !
Rassure-toi, chere Isabelle :
De ton Amant le cœur fidele
Auprès de toi toujours sera.

ISABELLE.

En proie à ma douleur mortelle,
Pendant votre absence cruelle,
Le noir chagrin m'accablera.

COLOMBINE.

La friponne ! l'entend-elle ?
Pour le peu qu'elle s'en mêle,
Des maris elle trompera,
Tout autant qu'elle en trouvera.

CASSANDRE.

Il faut partir, &c.

COLOMBINE.

Et cette affaire-là ne saurait se remettre ?

ISABELLE, *bas à Colombine.*

Tais toi donc, laisse-le partir.

CASSANDRE.

Eh bien ! pour vous faire plaisir,
Je vais envoyer une lettre
Comme si ma santé....

COLOMBINE.

Non, non....

ISABELLE.

Non ; j'appréhenderois que cette complaiſance
Ne fît tort à votre prudence,
Et l'amour doit ſe taire où parle la raiſon.

CASSANDRE.

Croyez-vous ? Il faut donc ſe faire violence.

ISABELLE.

Oui, partez.

CASSANDRE.

Si pourtant....

COLOMBINE, *à part.*

Pars donc, maudit barbon.

ISABELLE.

Et revenez en diligence.

CASSANDRE, *à part.*

J'entrevois du mic-mac, mais voyons juſqu'au bout.

(*A Iſabelle.*)

Dans votre appartement rentrez, ma chere amie ;
Rentre avec elle auſſi, Colombine, & ſurtout
Tiens-lui fidelle compagnie.

ISABELLE.

Allons.... adieu, Monſieur.

CASSANDRE.

Adieu, consolez-vous.

ISABELLE.

Prenez bien garde aux voleurs.

COLOMBINE.

Aux filoux.

ISABELLE.

On dit que l'on en voit tant & plus sur la route.

COLOMBINE.

En voilà pour trois jours sans vous revoir ?

CASSANDRE.

Sans doute.
Mais tranquillisez-vous.

COLOMBINE.

Adieu, Monsieur.

CASSANDRE.

Adieu.

(*Colombine & Isabelle rentrent dans leur chambre.*)

SCENE IV.

CASSANDRE, *seul.*

J'EN reviens toujours là. Tout ceci n'eſt qu'un jeu.
Un changement ſi prompt cache quelque myſtere.
Après tant de rigueurs, de rebuts, de mépris,
Si cette douleur eſt ſincere,
Oh! pour le coup je ſerai bien ſurpris.
Mais à quoi bon cette maudite ruſe?
Eh! n'eſt-ce pas aſſez que cela les amuſe?
Elles ſont jeunes toutes deux,
Et d'un ſexe... moi je ſuis vieux...
Cela ſuffit. Il faut que je ſois leur victime,
Et m'épargner ſeroit un crime.

ARIETTE.

Pour tromper un pauvre vieillard,
Il n'eſt détour que l'on n'invente,
Il n'eſt effort que l'on ne tente.
Enfans, neveux, valet, ſervante,
Chacun brûle d'y prendre part.

On le dorlotte, on le mitonne...
Tout cela n'eſt que trahiſon.
Tantôt c'eſt une main friponne
Qu'on lui paſſe ſous le menton...

Le bon-homme enchanté s'écrie :
» Ah! quel bonheur! ma chere amie...
» Encor... Encor...
Tu ne vois pas, pauvre butord,
Que cette main qui te caresse,
Qui de plaisir sçait t'enivrer,
Cachant le fer dont elle blesse,
Te flatte pour te déchirer.

Pour tromper un pauvre vieillard,
Il n'est détour que l'on n'invente,
Il n'est effort que l'on ne tente.
Enfans, neveux, valet, servante,
Chacun brûle d'y prendre part.

Pour moi qui, grace au Ciel, ai vécu plus d'un jour.
Je connois les ruses d'amour,
Et malgré mon air imbécile,
Peut-être qu'à tromper je serai difficile.
Déja par un voyage à plaisir inventé
Je leur laisse à dessein liberté toute entiere.
Et dans ce cabinet secrettement posté,
Je verrai de quelle maniere...
Qu'entends-je... des ris, des éclats!...
Ah! tant mieux, le chagrin ne les maigrira pas
Mais pourquoi ce nouveau délire?...
(*Il appelle.*)
Colombine....

SCENE V.

CASSANDRE, COLOMBINE.

COLOMBINE.

Monsieur... comment ! encore ici !
Nous vous croyions déja parti.

CASSANDRE.

Je le pense. Est-ce là ce qui vous faisait rire?

COLOMBINE.

Non, vraiment... c'est... que de nos deux Serins
Qu'on avoit mis ensemble en cage,
Le mâle est échappé... Vous jugez quels chagrins!...
La femelle gémit, Isabelle en enrage,
Et dans l'excès de sa douleur,
Dit, en sanglottant, qu'un malheur
Ne va jamais sans l'autre.

CASSANDRE.

Et toi?

COLOMBINE.

Je la console.

CASSANDRE.

En riant?

COLOMBINE.

Justement. Je ris comme une folle,
Par contre-coup je la fais rire aussi.

CASSANDRE.

Ecoute... à cœur ouvert expliquons nous ici.
Eſt-il bien certain qu'elle m'aime ?

COLOMBINE.

Quoi ! vous en doutez ?

CASSANDRE.

Qu'elle m'aime...
De la façon que je voudrois ?

COLOMBINE.

Quelle eſt votre façon, dites-nous-ça vous même ?
Qu'exigez-vous ?

CASSANDRE.

J'exigerois
Qu'étant à m'épouſer ainſi déterminée,
L'Amour fît les honneurs de ce doux hymenée,
Et qu'elle ne m'épouſât pas
Dans l'eſpoir d'être bientôt veuve.

COLOMBINE.

Quelle idée ! & ſur quelle preuve
Lui prêtez-vous des ſentimens ſi bas?

CASSANDRE.

Quand on voit une jeune fille
Epouſer un vieillard, on croit toujours que c'eſt
Quelque raiſon ſecrette, ou motif d'intérêt
Qui la guide, & cela fait que l'on en babille.

Je ne veux point donner matiere aux médiſans.
Dans ma femme je veux trouver les ſentimens
Qu'inſpire une tendreſſe extrême.
Je veux enfin, je veux être aimé pour moi même,
Tout comme ſi je n'avois que vingt ans.

COLOMBINE.

C'eſt votre dernier mot?

CASSANDRE.

Oui, voilà mon ſyſtême.
Eſt-ce ainſi qu'elle penſe?

COLOMBINE.

Non.

CASSANDRE.

Pourquoi?

COLOMBINE.

C'eſt qu'il n'eſt pas poſſible.
Ah! ça, Monſſieur Caſſandre, ayez de la raiſon.
Eſt-ce à vous d'être ſi ſenſible?
On veut bien vous aimer, & qu'importe comment?

CASSANDRE.

Vous prétendez apparemment
Que j'ai tort d'aſpirer à plaire,
Moi que dans tous les tems pour modele on cita,
Moi qui fus autrefois le plus vaillant compere...

COLOMBINE.

Moi qui fus... moi qui fus... & que nous fait cela?

ARIETTE.

Vous êtiez ce que vous n'êtes plus.
Vous n'êtiez pas ce que vous êtes ;
Et vous aviez pour faire des conquêtes,
Et vous aviez ce que vous n'avez plus.
Ils sont passés ces jours de fêtes,
Ils sont passés, ils ne reviendront plus.
Rendez-vous donc plus de justice,
Et si l'amour vous est propice,
Goûtez en paix
Ses doux bienfaits.
N'en cherchez pas la quinte-essence ;
Contentez-vous de l'apparence.
Qui veut trop voir
Et trop sçavoir,
Trouve souvent plus qu'il ne pense.

CASSANDRE.

Moi j'entends voir ce qui me fait plaisir.
Rien de plus.

COLOMBINE.

C'est fort bien l'entendre.

CASSANDRE.

Et si l'on cherche à me surprendre,
Je sçaurai bien m'en éclaircir.
J'examinerai tout...

COLOMBINE.

Moi, je vous conseille.

CASSANDRE.

Pour être sûr de mon fait.

COLOMBINE.

A merveille.

CASSANDRE.

Vois-tu bien ces yeux-là?

COLOMBINE.

Ce sont des yeux d'Argus.

CASSANDRE.

Ils ne dormiront pas. Compte bien là-dessus.
Adieu.

COLOMBINE.

Vous partez donc?

CASSANDRE.

Tout-à-fait.

COLOMBINE.

Bon voyage.

(Cassandre sort.)

SCENE VI.

COLOMBINE, *ſeule.*

A Qui diable en a-t-il avec ſon radotage ?
Il eſt des gens d'une drôle d'humeur !
Les moindres refus les irritent.
On leur accorde plus cent fois qu'ils ne méritent ;
Ils ne ſont pas contents. Il faut en leur faveur
Oublier que le temps laiſſe après lui des traces,
Sur un front tout ridé voir folâtrer les graces,
Et dans un corps uſé trouver de la fraîcheur.
Vou vous mocquez, Monſieur ; cela n'eſt pas poſ-
ſible.
La nature a ſur nous une force invincible.
Elle indique à nos cœurs tout ce qui nous convient
Par un charme qui nous attire ;
Et ſi ſur votre compte elle ne nous dit rien,
C'eſt qu'elle n'a rien à nous dire.
Je lui parle, ma foi, comme s'il étoit là.
Mais c'eſt qu'auſſi ... mais c'eſt que le voilà...
Le voilà peint à s'y méprendre.
[*Elle regarde le Tableau.*]
Bon jour ... bon jour, Monſieur Caſſandre.
Vous voulez qu'on vous aime ; oui, l'on vous
aimera,
Et, ſi vous voulez, même on vous adorera.

SCENE VII.

COLOMBINE, PIERROT.

PIERROT, *en dehors.*

HOLA, eh, la maison.... Picard.... Lafleur....
Lapierre....

COLOMBINE, *étonnée.*

Qui diantre fait ce carillon?

PIERROT, *courant dans la chambre.*

Pas un Laquais ici, pas une Chambriere !...
Eh bien ! personne ne répond ?

COLOMBINE.

Eh !... c'est Pierrot ... c'est Pierrot que je voi.
Parle donc.

PIERROT.

Hein !

COLOMBINE.

Oui.

PIERROT.

C'est... Eh ! mais, c'est Colombine.
C'est toi ?...

COLOMBINE.

C'est toi ?

PIERROT.

C'eſt moi.

COLOMBINE.

C'eſt moi.

PIERROT.

Dans ce logis que viens-tu faire ?

COLOMBINE.

C'eſt notre demeure ordinaire.

PIERROT.

Monſieur Caſſandre eſt-il ou mort ou délogé ?

COLOMBINE.

Ni l'un ni l'autre, Il eſt encore en vie,
Amoureux comme un enragé ;
Et dans trois jours il ſe marie.

PIERROT.

Il ſe marie ! ô ciel ! qu'ai-je entendu ?
Seroit-ce toi par hazard qu'il épouſe ?
Si je le ſçavois, tiens, vois-tu !
Dans les tranſports de ma fureur jalouſe....

COLOMBINE.

Mais ce n'eſt pas de moi qu'il eſt amoureux.

PIERROT.

Non ?

COLOMBINE.

C'eſt de ma maitreſſe Iſabelle.

PIERROT.

Iſabelle eſt ici ?

COLOMBINE.

Sans doute.

PIERROT.

Qu'y fait-elle ?

COLOMBINE.

Elle eſt chez ſon tuteur Monſieur Caſſandre.

PIERROT.

Bon !

COLOMBINE.

Elle a perdu ſon pere & ſa mere.

PIERROT.

Léandre,
Quand il ſçaura cela... Je vais bien le ſurprendre.

COLOMBINE.

Léandre eſt avec toi ?

PIERROT.

Nous arrivons tous deux ;
Aſſez mal-à-propos, ſi je puis m'y connoître.

COLOMBINE.

Pourquoi ?

PIERROT.

Pourquoi ? Comment mordi ! mon maître
Va ſe voir enlever ſa maitreſſe à ſes yeux !
Et...je pourrai fort bien n'être pas plus chanceux ;
La mienne autant de ſéqueſtré peut-être.

COLOMBINE.

Tu m'aimes donc toujours ?

PIERROT.

PIERROT.

Apparemment
Et toi ?

COLOMBINE.

Je ne sçais pas.

PIERROT.

Comment ?

COLOMBINE.

Mais, oui. Méritez-vous qu'on ait de la constance,
Vous qui, depuis deux ans d'absence,
N'avez pas seulement daigné de temps en temps
Nous informer si vous étiez morts ou vivans.

PIERROT.

Ah ! mon enfant, la fortune inhumaine
Avoit guidé mes pas au bout de l'univers.
J'ai parcouru les terres & les mers :
En un mot, je viens de Cayenne.

COLOMBINE.

C'est donc bien loin ?

PIERROT.

Je t'en répond.

COLOMBINE.

Qu'avez-vous trouvé là, le Pérou ?

PIERROT.

Rien de bon
Des sauvages fort malhonnêtes,

Gens groſſiers, très-peu délicats,
Qui, ma foi, ne méritent pas
Que, pour les viſiter, on brave les tempêtes.

COLOMBINE.

Des tempêtes, grands Dieux! mais c'eſt pour en mourir.
En as-tu vû quelqu'une ?

PIERROT.

Oh! vraiment, une fiere!
Qui nous a balottés une journée entiere.
Je n'y ſçaurois penſer encor ſans en frémir.

COLOMBINE.

Fais-m'en donc le récit, tu me feras plaiſir.

PIERROT.

Volontiers.... (*à part.*) Comment diable faire?
J'étois à fond-de-cale, où ſans oſer ſortir,
De frayeur j'ai penſé mourir.
Bien ou mal cependant, il faut la ſatisfaire,
(*Haut.*) Écoute-donc ... ce que tu vas oüir.

ARIETTE.

Notre vaiſſeau, dans une paix profonde,
Sur le vaſte Océan
Voguoit légerement;
Et les zéphirs en ſe jouant
Careſſoient tendrement la ſurface de l'Onde,
Tout-à-coup le ciel s'obſcurcit,
Le jour fait place à la nuit,

Les vents entr'eux se font la guerre,
On entend gronder le tonnerre ;
Chacun de nous tremble & pâlit.
Le Pilote interdit
Dans sa boussole
Cherche le Pole,
Et n'y voit goute en plein midi.
Jouet des flots,
Le vaisseau danse,
Et jusqu'aux cieux monte & s'élance.
Les matelots
Sans espérance
Gardent tous un affreux silence
Qu'interrompent les hurlemens,
Les juremens,
Les siflemens
Des élémens...
Et le tracas...
Et le fracas...
A chaque instant, un gouffre d'eau,
Une cascade menaçante,
A nos yeux effrayés présente
Tout à la fois la mort & le tombeau...
Mais enfin, après l'orage,
On voit venir le beau temps,
Et parmi tout l'équipage
Les plaisirs vont renaissans.

La joie & le bon vin
Du danger chassent l'image,
La joie & le bon vin
Dissipent notre chagrin.

COLOMBINE, *riant.*

Pierrot, mon cher ami, tu viens de loin.

PIERROT.

N'importe,
Me voilà sain & sauf; assez léger d'argent,
Mais plein d'amour & prêt à finir le Roman,
Pour le peu que ton cœur s'y porte.

COLOMBINE.

Hé!... hé!... la proposition....
Nous verrons. Je ne dis pas non.

PIERROT.

Et que ferons-nous de Léandre
Mon pauvre maître, à quoi doit-il s'attendre?
Sans espoir de retour sera-t-il supplanté?

COLOMBINE.

Non. C'est contre son gré que la tendre Isabelle
Se prête à la nécessité.
Mais dans le fond du cœur elle est toujours fidelle.

PIERROT.

En faveur de ces deux Amans,
Unissons nos efforts pour renouer leur chaîne.

COLOMBINE.

Va, va, pour les rendre contens,
Il n'eſt rien que je n'entreprenne.
Le bon-homme eſt abſent.

PIERROT.

Bon! tant mieux.

COLOMBINE.

Pour trois jours.
Profitons de ce tems.

PIERROT, *prenant la main de Colombine.*

C'eſt bien dit, mes amours.

COLOMBINE, *retirant ſa main.*

Tais-toi donc.

PIERROT, *batifolant.*

Oui, mon cœur.

COLOMBINE, *le repouſſant.*

Veux-tu bien être ſage!

PIERROT.

Sans doute, car enfin... Ah! mais...Le mariage...
Si tu m'en crois, formons bien vîte ce lien.

COLOMBINE.

J'y conſens, ſi tu m'aimes bien.

PIERROT.

Je pourrois bien ſur toi former le même doute.
Mais mon cœur ſe refuſe à de pareils ſoucis,
Et je crois qu'à l'amour que tu m'avois promis
Tu n'as jamais fait banqueroute.

COLOMBINE.

Non, Pierrot, & jamais... jamais aucune ardeur
Ne pourra ſeulement égratigner mon cœur.

DUO.

COLOMBINE.

Je brûlerai d'une flamme éternelle.

PIERROT.

Juſqu'au tombeau je te ſerai fidele.

COLOMBINE.

J'en atteſte les Dieux.

PIERROT.

J'en jure par tes yeux.

COLOMBINE.

Non, jamais je ne changerai.

PIERROT.

Oui, toujours je te chérirai.
Tu m'aimes donc?

COLOMBINE.

Ah! je t'adore.
Et toi Pierrot?

PIERROT.

Et moi... je te dévore.
(Il lui baiſe la main.)

COLOMBINE.

Doux momens! doux tranſports!

PIERROT.

Quels momens! quels transports!

COLOMBINE.

Je brûlerai d'une ardeur éternelle,
Et jamais je ne changerai.

PIERROT.

Jusqu'au tombeau je te serai fidele,
Et toujours je te chérirai.

COLOMBINE.

Si tu manquois à ta promesse,
Si tu rompois de si beaux nœuds...

PIERROT.

Si tu deviens jamais traîtresse,
Si tu trompois mes tendres vœux...

COLOMBINE.

Au désespoir abandonnée...

PIERROT.

Dans l'horreur de ma destinée...

COLOMBINE.

Mon cher Pierrot, je te poignarderois.

PIERROT.

Mon cher amour, moi je t'étranglerois.

COLOMBINE.

Quel excès de tendresse!

PIERROT.

O ma chere maîtresse!

COLOMBINE.

De cette main je te poignarderois.

PIERROT.

De mes deux mains, moi je t'étranglerois.

PIERROT.

Mais ce n'eſt pas le tout. Mon maître
Ne revient point.

COLOMBINE.

Où peut-il être?

PIERROT.

Il eſt allé ſe mettre en habit plus décent,
Pour rendre ſes devoirs au bon Monſieur Caſſandre.
A ſon oncle.

COLOMBINE.

Comment! c'eſt l'oncle de Léandre,
Notre Tuteur?

PIERROT.

Oui.

COLOMBINE.

Le trait eſt plaiſant.
Tu devrois l'aller chercher.

PIERROT.

Ma fine.
Il ſait bien le chemin. Pour moi je reſte ici,
Près de ma chere Colombine.

COLOMBINE.

Non; cela ſera mieux : vas-y,
Va lui porter cette nouvelle.
De mon côté je vais prévenir Iſabelle.

PIERROT.

J'entends quelqu'un.. oui, le voici.

COLOMBINE.

Eh! bien, je te laiſſe avec lui.

(Elle ſort.)

SCENE VIII.

PIERROT, LÉANDRE.

PIERROT.

On n'a pas toujours de la peine ;
On rencontre par fois quelque choſe de bon.

LÉANDRE.

As-tu fait ma commiſſion ?

PIERROT, *à part.*

Je ne m'attendois pas à cette bonne aubaine.

LÉANDRE.

Pierrot, as-tu vu le Daron ?
Sçait-il que je reviens tout exprès de Cayenne
Pour le voir, l'embraſſer, & pour en hériter ?

PIERROT, *à part.*

Ah ! quel plaiſir !

LÉANDRE.

Maraud, veux-tu bien m'écouter !

PIERROT, *vivement.*

Ah ! vous voilà, Monſieur ! votre bonne fortune
Vous amene en ces lieux : vous n'y trouverez point
Ce que vous y cherchez : mais ſur un autre point...
Un heureux hazard vous rejoint....
Et nous avons ici chacun notre chacune.

LÉANDRE.

Que veux-tu dire, impertinent ?

PIERROT.

Vous êtes plus heureux que ſage.
Vous avez un rival, mais le mal n'eſt pas grand.
Je vous protége moi, vous aurez l'avantage.

LÉANDRE.

Si tu m'y fais mettre, inſolent !...

PIERROT.

Une beauté charmante, belle,
Qui vous aime toujours malgré l'éloignement...

LÉANDRE.

As-tu donc perdu la cervelle ?
Tu ſçais quel eſt l'objet, je t'en ai fait l'aveu,
Pour qui malgré le tems & l'abſence cruelle,
D'une flamme toujours nouvelle
Je brûle encore à petit feu.

Ne te ſouvient-il plus quand certaine Négreſſe,
Que le Diable avoit fait amoureuſe de moi,
Prétendit me forcer à vivre ſous ſa loi,
Combattu par l'honneur, la pitié, la tendreſſe,
    Pied-à-pied diſputant ma foi,
Je te dis... ce n'eſt pas... ce n'eſt pas Iſabelle ?

PIERROT.

Mais c'eſt elle aujourd'hui, c'eſt elle.
    M'entendez-vous ?... C'eſt Iſabelle,
Qui vous aime toujours, qui vous attend ici,
    Ici dedans.

LÉANDRE.

Ah ! mon ami !
    Que me dis-tu ? par quel prodige ?
    Dois-je te croire ?

PIERROT.

Et oui, vous dis-je.
Dans l'inſtant Colombine ici l'amenera.

LÉANDRE.

Où donc eſt-elle ?

PIERROT.

La voilà.

SCENE IX.

LÉANDRE, PIERROT, ISABELLE, COLOMBINE.

ISABELLE, *courant au-devant de Léandre.*

EST-CE vous que je vois, cher amant ?

LÉANDRE.

Chere amante!

ISABELLE.

N'eſt-ce point un enchantement ?

PIERROT.

C'eſt lui même, j'en ſuis garant.

ISABELLE.

Venez-vous diſſiper l'ennui qui me tourmente ?

LÉANDRE.

J'avouerai qu'en ces lieux, je ne vous cherchois pas.
Mais de vous y trouver mon plaiſir eſt extrême.
J'y venois voir mon oncle.

ISABELLE.

Hélas!
Il eſt votre rival, il m'aime,

Et, si je l'en eusse cru,
Notre hymen seroit conclu.

LÉANDRE.

Vous pouviez m'oublier !

ISABELLE.

Malgré moi je vous jure
Colombine vous le dira.
Son sentiment étoit qu'en cette conjoncture
Je devois en passer par-là.

LÉANDRE, *à Colombine.*

Pourquoi lui conseiller un insigne parjure ?

COLOMBINE.

Dame ! Monsieur, vous n'êtiez pas ici :
A Madame il faut un mari.
C'est un point décidé : son Tuteur se présente :
Le vieux bon-homme a la marche pesante,
Il n'a pas, comme vous, les graces du maintien :
Mais un Cassandre enfin vaut encor mieux que rien.

PIERROT.

C'est quelquefois la même chose.

COLOMBINE.

Auriez-vous mieux aimé qu'elle restât fille ?

LÉANDRE.

Oui.

ISABELLE, *à Léandre.*

Je ne le pouvois pas décemment, mon ami.

Le monde eſt trop méchant, pour un rien l'on nous
glose.

LÉANDRE.

Je me rends. Je vois bien que tout eſt pour le mieux,
Et vous me trahiſſiez, ſans offenſer mes feux.

COLOMBINE.

Madame, il me vient une idée,
Nos pauvres amoureux ſont las;
Faiſons les rafraîchir.

ISABELLE.

Fais ce que tu voudras.

PIERROT.

La cuiſine eſt-elle fondée?

COLOMBINE.

Va, va, ne t'embarraſſe pas.
Viens m'aider ſeulement.

ISABELLE, *à Léandre.*

Banniſſez toute crainte,
Léandre ſeul pouvoit devenir mon vainqueur,
Et ſon image dans mon cœur
Etoit trop vivement empreinte.

ARIETTE.

La nuit dans les bras du ſommeil,
Je rêvois de mon cher Léandre.
Je crois le voir & l'entendre,
Je l'appellois à mon réveil.

Et je disois d'un ton si tendre !
Ah ! Léandre, mon cher Léandre
Tu tardes bien à revenir !
Veux-tu donc me faire mourir.

DUO.

LÉANDRE.

Votre amant souffroit même peine
Et son cœur étoit à la gêne.
Loin de vos charmes,
Dans les allarmes
Que j'ai passé de tristes jours !

ISABELLE.

Mais l'Amour, sensible à nos larmes,
Vient calmer nos tendres allarmes.
D'un long martyre,
Par un sourire,
Ce Dieu charmant finit le cours.

LÉANDRE.

Chérissons l'heureuse journée
Qui fait cesser notre tourment.

ISABELLE.

Peut-on être plus fortunée
Que je le suis en ce moment ?

ENSEMBLE.

Ah ! nos cœurs sont faits l'un pour l'autre :
Par le mien je juge du vôtre.

Même ſouffrance,
Même eſpérance,
Même deſirs,
Mêmes plaiſirs.

COLOMBINE, *à Pierrot.*
Que fais-tu donc là ?
PIERROT.
Je regarde.
Tenez, Monſieur. Vous n'avez pas pris garde...
Reconnoiſſez-vous ce portrait?
LÉANDRE, *regardant avec une loupe.*
Mais je dois croire ... & je crois en effet
Que c'eſt mon très-cher oncle.
COLOMBINE.
Oui, lui-même en perſonne.
ISABELLLE.
Eh bien ! qu'en dites-vous ?
LÉANDRE.
La peinture eſt fort bonne ;
Mais je le trouve bien vieilli.
ISABELLE.
Il n'eſt pas dans ſon jour. Venez le voir ici.

COLOMBINE.

COLOMBINE, *à Pierrot.*

[*Colombine & Pierrot posent le Tableau vis-à-vis la seconde coulisse, du côté de la Reine.*]

Posons-le près de cette table.

LÉANDRE, *considérant le Tableau.*

Oui, voilà bien sa mine véritable.

COLOMBINE.

Ah! çà, tandis que l'on met le couvert,
Sans façon, quittez-nous la place.
Votre présence ici nous embarrasse.
Allez dans le jardin tous les deux prendre l'air.

[*Isabelle & Léandre sortent.*]

SCENE X.

PIERROT, COLOMBINE.

PIERROT.

C'EST bien dit : hâtons-nous. Car la faim me talonne.
Portons cette table à nous deux.

[*Ils apportent au milieu du Théâtre une table couverte d'une nappe & de quatre couverts.*]

Des lumieres dessus.

[*On pose deux bougies sur la table, & Colombine apporte un pâté.*]

Un pâté ! Bon, tant mieux.
Nous lui dirons deux mots. Ah ! charmante friponne !

COLOMBINE.

Pierrot, finis, ou bien va-t'en dans le jardin.

PIERROT.

Ah ! l'excellent pâté ! quelle odeur ! quelle croûte !

COLOMBINE.

Si je te laisse ici, tu ne pourras sans doute
T'empêcher d'y porter la main :
Viens avec moi chercher du vin.

(*Elle sort avec Pierrot.*)

SCENE XI.

CASSANDRE, *seul.*

(Il sort tout doucement du cabinet où il étoit caché.)

SORTIR par une porte, & rentrer par une autre,
En même-tems être absent & présent,
C'est un tour.... c'est un tour...'
(Voyant la table mise, &c.)
Celui-ci vaut le nôtre.
Avec tant de fracas est-ce moi qu'on attend ?
Non ; le couvert est mis pour quatre,
Et l'on me croit bien loin. Quand je serois ici,
Nous ne sommes que trois, il en faudroit rabattre.
Mais non ; je suis tout-à-fait dans l'oubli :
Pour d'autres que pour moi la fête est préparée....
(Il compte sur ses doigts.)
Colombine, Isabelle... Ah ! c'est parti, quarrée :
Elles n'auront pas lieu de se reprocher rien.
Chacune, chacune a le sien.

ARIETTE.

C'est donc ainsi que l'on m'abuse,
Cœurs faux, cœurs doubles, cœurs ingrats !..
Mais, non ; je vous demande excuse :
Non, non ; vous ne me trompiez pas.

Je m'en doutois, j'étois certain....
La trahiſon étoit trop claire....
Mais qui ... mais qu'eſt-ce ... mais enfin...
Quel eſt celui qu'on me préfere ?...
Je le verrai ... fin contre fin...
Je percerai tout ce myſtere.
Mais le diable eſt-il plus malin ?...

C'eſt donc ainſi que l'on m'abuſe, &c.

Mais pourquoi mon portrait eſt-il changé de place?
Qui l'a mis là ? pour quel ſujet ?...
Ils voudroient me narguer & m'inſulter en face...
Et ma figure au moins remplira leur objet.
Pour les contrecarrer, uſons de ſtratagême;
Et tournons, s'il ſe peut, la ruſe contre eux-même.
Mais comment m'y prendre ? Voyons.
Me montrer tout à-coup... Ils auront des raiſons
Pour démentir les apparences.
J'aurai tort... Ils reviennent... Non...
Non... Pour avoir plus d'aſſurances,
Cachons-nous quelque part.. Sous cette table...
Non.

[*Il ſe met derriere le Tableau.*]

Ici je ſerai mieux... Ah ! le tour ſeroit bon...

Oui, c'eſt une excellente idée...
J'adopte vos projets... Bien plus,
Je renchérirai par-deſſus,
C'eſt une affaire décidée.
Vous aimez à me voir, & bien vous me verrez ;
Non tel que vous croyez, mais d'une autre maniere :
Ce ſera moi, oui moi, ſans voile, ſans myſtere...
Et de tout ce que vous ferez
Je ſerai témoin oculaire.
Point de quartier. Que vais-je faire ?...
Découper ce tableau !.. Pourquoi le ménager ?..
Il eſt à moi ; je puis bien ſans danger...

(Il découpe & enleve la tête du Portrait.)

Oui, puiſqu'enfin la perfidie
S'apprête à me porter le coup le plus fatal,
Aux dépens de la copie
Je ſauverai l'original.

L'obſcurité me favoriſe,
Et la prévention qui les aveuglera
Peut bien encor aider à la mépriſe.
En tout cas, j'agirai comme l'on agira.

[Il ſe place derriere le Tableau, & paſſe ſa tête par l'ouverture qu'il a faite.]

SCENE XII & *derniere.*

LÉANDRE, PIERROT, ISABELLE, COLOMBINE.

[*Cassandre dans le Tableau.*]

LÉANDRE, *à Isabelle.*

COMMENT ! trois jours plus tard, je perdois ma
Maîtresse !

CASSANDRE, *à part.*

Je connois ces visages-là.

ISABELLE.

Assûrément.

COLOMBINE.

Bon, bon, oublions tout cela ;
D'un fâcheux souvenir bannissons la tristesse,
Et ne songeons plus qu'au plaisir.
A table, à table ; allons point de cérémonie.

ISABELLE.

M'y voilà.

PIERROT.

M'y voilà.

LÉANDRE, *assis à table.*

Comptez, ma chere amie...

PIERROT.

Goûtons d'abord le vin..

LÉANDRE.

Qu'eussé-je dû périr,
Mon fortuné rival eût payé de sa vie,
Le bonheur de jouir de vos divins appas.

PIERROT.

Ah! dame! c'est un fier-à-bras.
A sa fureur quand il se livre...

ISABELLE.

Quoi! votre oncle!

CASSANDRE, *à part.*

On me tient.

LÉANDRE.

Ah! lui! c'est différent.
Comme il n'a pas longtems à vivre,
J'eusse attendu sa mort assez patiemment.

CASSANDRE, *à part.*

Le méchant garnement.

LÉANDRE *à Pierrot.*

Maraut, tu veux m'apostropher, je pense.

PIERROT.

Moi, Monsieur! je mange & je bois,
Je ne dis rien qui vous offense.

LÉANDRE.

Tu fais fort bien.

PIERROT.

Il eſt un peu libre par fois.

ISABELLE, *à Léandre.*

Buvez donc.

LÉANDRE, *tenant ſon verre.*

Ma chere Iſabelle

Permettez-vous ? (*Il choque avec elle.*)

ISABELLE.

De tout mon cœur.

CASSANDRE.

O ciel ! mon vin !

LÉANDRE.

Bon vin.

PIERROT.

Excellent, en honneur.

CASSANDRE.

Et pas cher.

COLOMBINE.

Par ma foi, j'ai choiſi le meilleur.

PIERROT.

Je te reconnois là ... toujours tendre & fidele...

COLOMBINE.

Pour mon ami Pierrot !...

ISABELLE, *à Léandre.*

De quoi vous plaignez-vous ?

Pendant deux ans votre ſilence
M'avoit ôté toute eſpérance.

Par raiſon, par devoir, je prenois un époux.

Mais je ne l'aimois point. En devenant ſa femme,

Quand ma bouche feignoit de répondre à ſa flamme,

D'approuver ſes tendres deſirs,
C'eſt à vous qu'en ſecret j'adreſſois mes ſoupirs.

CASSANDRE, *à part.*

Où m'allois-je fourer ?

COLOMBINE.

Le plaiſant de l'affaire,
C'eſt que ce vieux penard...

CASSANDRE, *à part.*

J'étouffe de colere.

COLOMBINE.

Eſt difficile à contenter.
Avec ſa face de carême,
Il prétend, & de plus il oſe ſe flatter,
Comme un beau Céladon, d'être aimé pour lui-même

CASSANDRE, *à part.*

La coquine !

COLOMBINE, *à Pierrot, en lui donnant un ſoufflet.*

Faquin !

PIERROT, *ſurpris.*

Eſt-ce pour plaiſanter ?

COLOMBINE,

C'eſt pour t'apprendre à m'appeller coquine.

ISABELLE.

Vous êtes vive, Colombine.

COLOMBINE

Non; mais il faut ſçavoir ſe faire reſpecter.

PIERROT, *tenant ſa joue.*

Je ne lui diſois rien.

COLOMBINE.

Ah! point de ton mauſſade :

Mange, & tais-toi.

PIERROT.

Je n'ai plus d'appétit.

COLOMBINE.

Pardi, te voilà bien malade.

Embraſſe-moi, tout ſera dit.

LÉANDRE, *à Iſabelle.*

Si nous faiſions chorus?

ISABELLE.

Avec plaiſir.

CASSANDRE, *à part.*

J'enrage.

LÉANDRE.

En attendant le mariage...

ISABELLE.

Mais Caſſandre à qui j'ai promis...

COLOMBINE.

Quand vous auriez juré vos grands Dieux, c'eſt bien pis,

Il n'en ſeroit pas davantage.

Sermens d'amour, ſerment d'uſage,

Qui ne ſe font jamais que ſous condition,
Et dont on ſe dédit ſuivant l'occaſion,
Quand on trouve ſon avantage.

PIERROT.

Fort bien imaginé.

CASSANDRE, *à part.*

J'étois le pis-aller!

COLOMBINE.

Oui, oui, Madame, il faut parler.
Léandre eſt de retour, cela change la thèſe.
N'allez pas faire ici la ſotte & la niaiſe,
Je vous conſeille moi...

ISABELLE.

Mais mon deſtin dépend
De mon tuteur. Sans ſon conſentement
Que faire!

LÉANDRE.

Nous l'aurons.

ISABELLE.

Je crains....

LÉANDRE.

Soyez-en ſûre.
Il eſt bon-homme au fond... &... voyez ſa figure...
Elle n'annonce rien de dur, ni de méchant.

ISABELLE.

Ce n'eſt que ſon portrait... Mais s'il étoit préſent...

LÉANDRE.

Pour vous encourager, essayez-vous d'avance.
Allez lui déclarer notre tendre penchant.

ISABELLE.

Parler à ce portrait! Ah! quelle extravagance!
Il faudra donc que je lui dise ainsi...
(Elle se lève de la table.)

PIERROT.

Donnez-vous pour l'instant certain air d'innocence.

ISABELLE.

Les yeux baissés?

LÉANDRE.

Fort bien.

ISABELLE.

Je ne sçaurois.

COLOMBINE ET PIERROT.

Si, si.

ISABELLE, *s'adressant au Tableau.*

Monsieur, voilà l'amant que mon cœur a choisi,
Je ne sçaurois aimer que lui.
Consentez-vous à me le donner?

CASSANDRE, *forçant sa voix.*

Oui.

QUINQUE.

ISABELLE.

O Ciel ! ô Ciel !
Quel tour cruel !
Eſt-il croyable ?
Mais c'eſt le diable.
Maudit vieillard, qu'on croit parti,
Qui dans l'inſtant ſe trouve ici !
Il a tout vu,
Tout entendu.
Qui l'auroit cru ?
Tout eſt perdu.
Il va crier,
Peſter, jurer ;
Il va vouloir nous ſéparer,
Nous ſéparer, nous déſunir.
Ah ! pourriez-vous y conſentir ?
Jamais, jamais
Je ne pourrais.
Plutôt mourir,
Plutôt mourir.

LEANDRE.

O Ciel ! ô Ciel !
Quel tour cruel !
Eſt-il croyable ?
Mais c'eſt le diable.
J'en ſuis, j'en ſuis tout interdit.
Tout Stupéfait ;
Tout déconfit.
Il a tout vu, *&c*

(*Comme Iſabelle.*)

CASSANDRE.

Ah ! j'ai tout vu,
Tout entendu.
Un tour ſemblable
Eſt-il croyable ?
Qui l'auroit cru ?
(*bis.*)
J'en doute encor moi qui l'ai vu.
Vous voilà pris au dépourvû.
Quoi ! votre cœur eſt abattu !
Il ne faut pas déſeſpérer.
Vous ſçaurez bien vous en tirer.
Vous ne cherchiez qu'à me trahir.
Et moi j'ai ſçu vous prévenir.
Ah ! ah ! ah ! ah !
Ah ! quel plaiſir ! *&c.*

COLOMBINE.

O Ciel ! ô Ciel !
Quel tour cruel !
Eſt-il croyable ?
Mais c'eſt le diable.
Maudit vieillard, qu'on croit parti,
Qui dans l'inſtant ſe trouve ici !
Il a tout vu,
Tout entendu.
De ſon courroux.
Je crains les coups.
Il va crier, peſter, jurer.
Où me cacher,
Où me fourrer ?
A ſes regards
Comment m'oſfrir ?
Comment le fuir ?
Que devenir ?
Jamais, jamais
Je n'oſerais,
Je ne pourrais
Le démentir.

PIERROT.

O Ciel ! ô Ciel !
Quel tour cruel !
Eſt-il croyable ?
Mais c'eſt le diable.
J'en ſuis, j'en ſuis tout interdit.
Tout ſtupéfait,
Tout déconfit ;
Il a tout vu,
Tout entendu, *&c.*

(*Comme Colombine.*)

CASSANDRE, *à Iſabelle.*

Eh bien vous ne dites plus mot !
Quel eſt donc à préſent le ſoin qui vous occupe ?

LÉANDRE.

Monſieur....

CASSANDRE.

Taiſez-vous, maître ſot.

(*A Iſabelle.*)

Vous avez cru que j'étois votre dupe.

ISABELLE, *d'un air ſoumis.*

Monſieur...c'eſt malgré moi...je ne prévoyois pas...
Et j'eſperois ſi peu... pour ſortir d'embarras...
Ma réſolution... Parle, toi, Colombine.

CASSANDRE.

Et que dira cette coquine?...

COLOMBINE.

Puiſque vous ſçavez tout, il faut vous l'avouer,
Ce que l'on en faiſoit, c'étoit pour vous jouer.
On ſe moquoit de vous, Monſieur, je le confeſſe.
On ne le fera plus, vous avez trop d'adreſſe.

CASSANDRE.

La plus noire des trahiſons !

PIERROT.

Monſieur un peu de patience.
Nous ne l'avons pas fait ſans de grandes raiſons.
L'Amour... ce petit Dieu... qui fait par ſa puiſſance...
Extravaguer l'adoleſcence...
Et... conduit la vieilleſſe aux petites maiſons...

CASSANDRE.

Eh bien?

PIERROT.

Eh bien ! Monſieur...lorſque ſa flamme brille...
Ça fait qu'on ne voit goute...& la chaleur du feu...
Enfin c'eſt pour votre neveu ;
Ça ne ſort pas de la famille.

CASSANDRE.

C'eſt à merveille... Mais de mon juſte courroux
Vous devez éprouver les coups.
Je veux, quoique vous puiſſiez dire,
Etre enfin le dernier à rire.
Je vous unis tous deux pour me venger de vous.

COLOMBINE, *à Caſſandre.*

Nous ne ſommes pas moins coupables.
Nous avons machiné ces complots déteſtables ;
(Montrant Pierrot.)
Voulez-vous nous punir auſſi ?

CASSANDRE.

Mariez-vous. Allez au Diable.

COLOMBINE, *faiſant la révérence.*

Grand-merci.

VAUDEVILLE.

TOUS *hors Caſſandre.*

Le Dieu de la tendreſſe
Sourit à la jeuneſſe.
Il fuit avec courroux
Les vieux & les jaloux.
De l'Amour,
En ce jour,
Goûtons l'aimable ivreſ-
ſe.
Ses ardeurs
Dans nos cœurs
Ne portent que des coups
Doux.

CASSANDRE.

Du Dieu de la tendreſſe,
Heureux qui peut ſans
ceſſe
Affronter le courroux,
Braver, braver les coups!
De l'Amour,
En ce jour,
Je fuis la voix traîtreſſe.
Ses douceurs,
Ses ardeurs,
Bien-tôt nous rendent
tous
Foux.

CASSANDRE.

L'amour eſt un enfant
Fier & doux par caprice.
Ce qu'il donne, à l'inſtant
Il le reprend.

Après quelque ſervice,
Il vous met hors de lice.
Il ne fait nul état
D'un vieux ſoldat.

(Tous reprennent le Rondeau.)

LEANDRE & ISABELLE, *en Duo.*

L'Amour, de nos ſouhaits
A comblé la meſure.
Célébrons à jamais
Ses doux bienfaits.
Ce moment nous aſſure
Une volupté pure.
Pour qui ſçait en jouir
Ah! quel plaiſir!

(On reprend le Rondeau.)

COLOMBINE.

Le bonheur de Pierrot...

PIERROT.

Eſt dans ſa Colombine.

COLOMBINE.

Colombine en Pierrot...

PIERROT.

Trouve un bon lot.

COLOMBINE.

Cette œillade aſſaſſine...

PIERROT.

Cette peste de mine...

COLOMBINE.

Promet, promet beaucoup.

PIERROT.

Et tiendra tout.

(On reprend le Rondeau en Chœur.)

FIN.

www.ingramcontent.com/pod-product-compliance
Lightning Source LLC
LaVergne TN
LVHW010001230826
846092LV00002B/589
9782329398068